Début d'une série de documents
en couleur

LA
PAIX UNIVERSELLE
ou
LE DROIT PRIME LA FORCE

Par Prosper DELAFUTRY
INSTITUTEUR A BILLANCOURT Seine.

PRIX : UN FRANC

PARIS
E. DENTU, LIBRAIRE-ÉDITEUR
PALAIS ROYAL, 15-17-19, GALERIE D'ORLÉANS

1883

PARIS

IMPRIMERIE BALITOUT, QUESTROY ET Cᵉ

7, rue Baillif, et rue de Valois, 13

Fin d'une série de documents
en couleur

LA PAIX UNIVERSELLE

ou

LE DROIT PRIME LA FORCE

PARIS

IMPRIMERIE BALITOUT, QUESTROY ET Cᵉ

7, rue Baillif, et rue de Valois, 18

LA
PAIX UNIVERSELLE

OU

LE DROIT PRIME LA FORCE

Par Prosper DELAFUTRY

INSTITUTEUR A BILLANCOURT (Seine).

PARIS
E. DENTU, LIBRAIRE-ÉDITEUR
PALAIS-ROYAL, 15-17-19, GALERIE D'ORLÉANS

—

1883

PRÉFACE

Ce petit livre s'adresse à tous : les idées qui y sont exposées ont un caractère général qui n'admet aucune distinction de nationalités, d'opinions politiques, de croyances religieuses.

Adversaire convaincu des préjugés et des abus, nous nous sommes attaqué au plus monstrueux de tous : la guerre. Nous en avons expliqué les origines, démontré l'injustice et dépeint les funestes conséquences.

Ensuite, nous avons exposé le système d'éducation qui nous semble constituer le moyen le plus sûr d'arriver à la fraternité universelle par la suppression de la guerre.

Nous souhaitons que cet ouvrage réalise le bien que nous nous sommes proposé de faire en le publiant et que la devise : « Le Droit prime la Force, » devienne bientôt une réalité sur toute la surface du globe civilisé.

Prosper DELAFUTRY.

PREMIÈRE PARTIE

LA GUERRE

SES ORIGINES

SON INJUSTICE — SES CONSÉQUENCES

PREMIÈRE PARTIE

CHAPITRE PREMIER

Ce que c'est que la guerre.

La guerre! Ce mot terrible évoque tout un cortége d'images sinistres, sanglantes.

N'est-il pas vrai qu'à la seule audition de ce mot, on se figure voir un jeune soldat, entouré de son père aux cheveux grisonnants, de sa mère au visage inondé de larmes, de sa jeune et timide financée pleurant, elle aussi, sur le bien-aimé qu'elle craint de perdre.

Souvent, le soldat a des frères et des sœurs plus jeunes que lui : pauvres bambins qui ne comprennent pas bien encore l'étendue du malheur qui les frappe, mais qui n'en pleurent pas moins et plus fort que les autres, parce qu'ils les voient pleurer.

Cette première image est le départ du jeune soldat.

**

Notre pensée se porte maintenant sur le lieu de la lutte, cette sanglante arène nommée le champ d'honneur. Car on appelle champ d'honneur l'endroit où des centaines de milliers d'hommes se massacrent au hasard, à travers des nuages de fumée et de poussière.

1.

Ah ! si encore la bravoure et la sagacité servaient le soldat intrépide, nous aurions peut-être moins de répugnance à entendre nommer le lieu de la lutte champ d'honneur. Mais non, grâce aux nouveaux engins de guerre, ce n'est plus la bravoure unie à l'agilité qui triomphe dans ces horribles mêlées, c'est l'armée la mieux pourvue de canons à longue portée, dont les projectiles infernaux détruisent des files entières de soldats qui n'ont même pas vu l'ennemi.

La bataille est terminée, les vaincus se retirent comme ils peuvent, écrasant dans leur retraite leurs malheureux frères tués ou blessés, couchés sur le sol rougi par le sang.

*
* *

Qu'est devenu le pauvre enfant qui naguère recevait les derniers embrassements de sa famille ?

Peut-être il est échappé à la mort ; ou bien il est étendu sur la terre humide, les entrailles sortant du corps, les membres broyés par des éclats d'obus, la poitrine trouée par une balle homicide ou transpercée par un fer meurtrier, et attendant comme une suprême délivrance une mort trop lente à venir.

S'il a conservé quelque connaissance, des ombres chères hantent son cerveau endolori : il pense à son vieux père, à sa bonne mère, à sa fiancée, à ses frères et sœurs, qui tous pleurent là-bas sur lui, à tous ces êtres dont sa mort va briser l'existence. L'image de la patrie absente ou envahie, insultée par l'orgueilleux vainqueur, malgré les efforts héroïques de tant de braves soldats, vient ajouter à ses poignantes angoisses.

Toutes ces images, tous les souvenirs de son enfance, assiégeant son esprit avec la rapidité de l'éclair, lui arrachent des sanglots déchirants. Pas un de ceux qu'il a tant aimés n'est là pour recueillir son dernier souffle, pour adoucir ses tortures et le consoler à cè moment suprême.

Est-il possible de formuler une plus épouvantable malédiction contre les conquérants, que celle qui nous monte aux lèvres en retraçant les souffrances morales du malheureux soldat, pendant que son pauvre corps se tord dans les dernières convulsions d'une trop lente agonie.

Enfin la mort arrive et le malheureux enfant, orgueil et espoir de ses parents, idole de la jeune fille qui avait juré d'unir son sort au sien, augmente le nombre incalculable des victimes de l'ambition et de l'injustice.

Voilà ce qu'on voit au champ d'honneur !

**
*

Cette image poignante, terrible, du soldat mourant au milieu des corps inertes, mutilés de ses frères d'armes, sur le champ de bataille ou dans un hôpital quelconque, est-elle la seule que la guerre nous permette d'évoquer ?

Non ! les malheurs de la guerre ont une portée plus grande. Après bien des combats et des succès divers, les nations se lassent ; on trouve qu'il y a assez de sang versé et l'on exprime le désir de traiter de la paix.

Laissons les plénipotentiaires s'engager dans de longues et subtiles discussions dont le résultat le plus clair est d'arracher le plus possible aux vaincus, et cela pour leur démontrer l'évidence de ce principe brutal, odieux, contre lequel nous avons l'honneur de nous élever hautement : *la force prime le droit.*

La paix est signée, les négociations reprises, le commerce rétabli entre les deux nations rivales, jusqu'à ce qu'une nouvelle lutte couvre encore de deuil et de ruines ces États malheureux.

*

Mais que sont devenus le père et la mère du soldat que nous avons vu mourir pour son pays ?

Voyez cette pauvre femme, plus accablée par les chagrins et la misère que par l'âge, se diriger péniblement

vers le cimetière; regardez-là, vous ne reconnaîtrez plus
en elle la vaillante mère de famille, l'active ménagère
que vous aimiez à voir entourée de ses enfants; elle s'a-
vance lentement vers une tombe sur laquelle elle se jette
à genoux en sanglotant.

Hélas! son époux, ce bon père adoré de ses enfants,
frappé au cœur par la mort de son premier fils, n'a pas
eu la force de lui survivre. Depuis, l'infortunée mère, la
veuve inconsolable, ne pense plus qu'à pleurer; elle passe
ses jours à venir prier sur le tombeau du compagnon de
sa vie; et là, pendant que la nature s'éveille et sourit au
radieux soleil, pendant que les oiseaux, heureux, gazouil-
lent sur les branches des arbres ornant le champ du
repos, la pauvre femme songe en sa tête, affaiblie par la
douleur, qu'il n'y a plus pour elle en ce monde que larmes, regrets et misère. Elle se rappelle les jours heureux
d'autrefois, les doux moments passés entre le père et le
fils. Ces jours ne sont plus; un orage effroyable de cupidité abjecte ou de haine criminelle est venu soudain,
brisant sur son infernal passage la félicité tranquille d'ê-
tres simples, bons et aimants.

**

Est-ce tout? Non, pas encore. Quelle est donc terrible
la responsabilité des gouvernements injustes et violents
qui cherchent dans les guerres la popularité ou la satisfaction de leurs ineptes convoitises!

Où sont les frères et les sœurs du héros mort si malheureusement? Leur pauvre mère, folle de douleur et
incapable de les nourrir par son travail, s'est vue dans
'obligation de les placer dans un orphelinat.

Là, ils seront traités avec tout le dévouement des éducateurs de la jeunesse; mais les pauvres petits n'en seront
pas moins privés des caresses et des soins d'une mère.

Et la naïve et charmante enfant dont le cœur pur avait
fait de si doux rêves; elle, dont la vie se résumait dans
l'amour de son fiancé, qu'est-elle devenue?

Voyez-là cheminant sur ce sentier abrupt, rocailleux, qui conduit directement à la ville voisine ; elle s'arrête à l'endroit où *lui* et *elle* échangèrent un dernier serment, scellé d'un chaste baiser. Puis elle interroge l'horizon d'un œil inquiet, ses regards ardents se fixent sur le point où son fiancé disparut à ses yeux. La voilà maintenant qui se met à danser et à rire, de ce rire nerveux, saccadé et stupide de l'être privé de raison ; puis elle court, sans s'arrêter, jusqu'à la maison paternelle, où elle est accueillie par bien des larmes. La pauvre fille est folle, folle de douleur et de désespoir, et bientôt elle ira rejoindre dans le tombeau celui qu'elle a tant aimé.

Quel sera alors le sort de ses vieux parents, dont elle est l'espérance et le bonheur ?

Mon Dieu ! que de larmes et de malheurs ont été la conséquence de la mort d'un seul être arraché par la guerre à l'amour des siens !

Ames sensibles qui lisez ces lignes, vous savez maintenant ce que c'est que la guerre, et encore nous n'avons parlé que des souffrances morales dont elle est la cause. Le reste, c'est-à-dire les dégâts matériels, c'est beaucoup aussi sans doute, mais comparé à de tels désastres, à des douleurs si navrantes, ce n'est rien, rien !

CHAPITRE II

Origine des guerres.

Puisque la guerre est une chose si affreuse par elle-même et par ses conséquences, comment se fait-il que les hommes soient si souvent entrés en lutte ?

Comment se fait-il surtout qu'actuellement, en plein dix-neuvième siècle, nous en soyons réduits à craindre encore d'aussi tragiques aventures pour l'humanité ?

Une catastrophe aussi épouvantable que la guerre est l'effet de causes bien complexes, dont les principales sont le mauvais vouloir, l'envie, l'orgueil des uns, opposés à la ruse ou à la méchanceté des autres.

Quand d'aussi détestables facteurs sont en présence, il n'y a pas de concession honnête possible : un conflit est inévitable.

Mais l'orgueil, l'envie, la cupidité, la méchanceté, sont les fruits naturels de l'ignorance et surtout d'une mauvaise éducation. Instruisons et moralisons toutes les individualités qui composent un peuple, tous les peuples dont l'ensemble forme la société humaine, et les guerres

disparaîtront avec tous ces vices qui en sont les principales causes.

*
* *

Qu'est-ce que la guerre ? C'est la lutte, non plus seulement entre deux êtres qui se jalousent, se haïssent, mais c'est la lutte entre plusieurs peuples.

Mais pourquoi ces peuples sont-ils en guerre ? Il ne faut pas le demander aux malheureux qui vont se battre, parce qu'on leur a dit que l'honneur national était outragé et qu'il est de leur devoir de tuer le plus possible de leurs semblables pour venger leur pays.

Les braves soldats n'en savent pas davantage, on leur a recommandé de repousser la force par la force : ils le font. Esclaves du devoir tel qu'il est entendu et de la consigne donnée, ils exécutent les ordres de leurs gouvernements.

Saluons avec respect ces martyrs des préjugés et des sottises de leurs contemporains. Plaignons ces enfants, ces frères sur lesquels la mort va étendre ses mains avides de victimes.

Mais là ne se borne pas notre tâche : ce ne sont pas les pleurs, les regrets stériles qui préserveront l'humanité des malheurs de la guerre.

S'il est des hommes qui pensent sainement, ils ne se laisseront éblouir ni par le parti-pris, ni par les déclamations belliqueuses; mais ils se demanderont ce que deviennent, dans ces tragiques aventures, le droit et la justice, qui doivent être les seuls arbitres du monde.

Ces hommes reconnaîtront qu'ils ont le devoir et le droit de faire connaître à tous leurs frères les véritables motifs de ces tueries humaines.

Déchirons donc les voiles qui cachent aux yeux des peuples les turpitudes sanglantes des chefs d'État qui jouent ainsi avec la vie de leurs semblables. Et quand nous aurons mis à nu les consciences de ceux des gouvernants qui suscitent des conflits, nous serons douloureusement surpris de voir jusqu'où peut aller la méchanceté hypocrite de certains hommes, surtout quaud l'ignorance des humains leur laisse tant de latitude.

*
* *

Malgré toutes les raisons par lesquelles on prétend la justifier, la guerre n'en est pas moins un attentat inouï contre la société.

Elle peut paraître moins odieuse que l'assassinat, à cause des traits nombreux d'héroïsme qu'elle suscite; mais, en définitive, il faut bien reconnaître que la guerre est simplement l'assassinat en grand d'un peuple par un autre peuple.

Que dirons-nous des chefs d'État qui ont médité de tels attentats et qui ont poursuivi l'exécution de leurs plans sanguinaires sans penser aux larmes qu'ils faisaient couler ni aux ruines de toute espèce qu'ils accumulaient autour d'eux.

Combien de guerres n'ont eu d'autre cause que l'orgueil du prince, qui voulait agrandir ses États uniquement pour flatter sa vanité, régner sur un plus grand nombre de sujets et dominer sur un plus vaste territoire.

Véritablement, peut-on craindre de comparer l'homme qui sacrifie ainsi à son orgueil la vie de tant de ses semblables au vulgaire assassin qui médite un crime pour grossir le pécule, fruit de ses rapines.

Nous reconnaissons même que ce dernier est plus généreux, si l'on peut s'exprimer ainsi ; car le voleur expose sa vie pour perpétrer son crime, ce que ne font pas la plupart des conquérants modernes, qui trouvent plus commode et moins dangereux pour eux-mêmes d'envoyer leurs fidèles sujets se battre et se faire tuer en leur lieu et place.

En résumé, quelles que soient les différences apparentes qui existent entre eux, quelle que soit la distance qui semble les séparer, le voleur assassin et le chef d'État qui guerroie seulement pour satisfaire son ambition sont deux bandits : tous deux accomplissent une œuvre inique, sauvage, antisociale ; tous deux travaillent à l'anéantissement de la famille humaine.

**

Nous ne pouvons comprendre qu'on ait encensé les conquérants qui, à différentes époques, ont bouleversé le monde et l'ont couvert de ruines. Nous comprenons encore moins qu'on se soit cru obligé de les prendre pour de grands hommes et de les faire parvenir à la postérité entourés de leur sanglante auréole.

Rien ne peut être grand en dehors de la bonté et de la justice : tout ce qui est *vraiment grand, vraiment digne d'éloges* repose nécessairement sur ces deux qualités maîtresses, qui doivent être l'apanage de tout cœur humain.

Le modeste ouvrier qui a nom Justin Hanne, constructeur de canots à Billancourt (Seine), en exposant plus de deux cents fois sa vie pour sauver ses semblables, nous semble un héros plus noble qu'Alexandre surnommé le Grand.

Justin Hanne compte soixante-quatorze sauvetages à la nage, sans compter une foule d'autres actes de dévouement : quel est donc le conquérant qui ait fait preuve d'une telle générosité et qui ait exposé sa vie tant de fois uniquement par amour de ses frères ?

Malgré toute une vie de sacrifices et d'abnégation, le nom de Justin n'arrivera pas à nos arrière-neveux ; en revanche, ils auront les récits des batailles où sombrèrent bien des empires, des boucheries affreuses où périrent tant d'êtres humains.

**

Nous commettrions une véritable injustice en rejetant tout l'odieux de la guerre sur les princes seuls ; ils ne sont pas toujours les plus coupables et ils subissent souvent une pression contraire à leur propre volonté.

Combien de chefs d'État ont été engagés, malgré eux, dans cette voie douloureuse, criminelle. Pourquoi cela?

Ah! c'est qu'auprès des grands, il existe une classe de misérables flagorneurs, tourbe hypocrite et rapace qui ne songe qu'à exploiter à son profit les qualités comme les vices du souverain. Ce sont surtout ces courtisans, qui, par leurs viles adulations, leurs basses intrigues et leurs machinations infernales, ont semé la discorde entre les monarques et attiré sur leurs pays tous les malheurs de la guerre, que nous clouons à jamais au pilori de l'éternelle justice, que nous vouons pour toujours à l'exécration du genre humain.

Ce n'est pas tout encore; parmi les guerres qui ont désolé le monde, nous devons citer celles entreprises par les gouvernements complices des grandes compagnies qui n'ont pas hésité à se servir du sang de leurs concitoyens pour consolider leurs intérêts ou obtenir tels monopoles dans les pays conquis. Tout cela est odieux, infâme : la vie du plus noble des êtres animés servant de marche-pied pour arriver à la fortune, aux honneurs mondains ou au pouvoir : c'est le triomphe de l'abjection sanglante sur la justice et sur le *véritable honneur*.

*
* *

Bien des guerres, il est vrai, ont eu une origine moins coupable que l'idée d'agrandir un État aux dépens d'un autre État, ce qui est un vol manifeste.

Mais si l'on veut réfléchir, on voit qu'en définitive l'orgueil et l'injustice en sont les principales causes.

Prenons pour exemple l'expédition entreprise par un peuple pour venger un État voisin ou ami, attaqué injustement par une nation qui cherche à l'asservir. L'indignation généreuse est ici le mobile de l'expédition, mais il est clair que cette intervention charitable n'aurait pas

sa raison d'être sans l'injustice du gouvernement provo-
cateur.

Nous défions le plus subtil casuiste de nous citer une
seule guerre n'ayant pour causes premières l'orgueil, la
violence, la mauvaise foi des gouvernements, aidés malheureusement, en cela, par l'ignorance et la détestable
éducation humanitaire des peuples.

CHAPITRE III

Conséquences de la guerre.

Etant donné ceci, qu'à force d'intrigues, de machinations, les gouvernements qui veulent provoquer une guerre, soit pour se faire un regain de popularité (tant est grande la bêtise humaine), soit pour satisfaire d'inavouables convoitises, aient réussi dans leur œuvre homicide; qu'arrive-t-il alors? Nous voyons de chaque côté les armées se mettre en marche vers les frontières; puis, de braves et dignes citoyens, trompés par les gazettes officielles, grisés, exaltés par les discours belliqueux des agents secrets ou avoués de l'un ou de l'autre gouvernement, oublier leurs affaires, leur famille, pour s'engager et venger leur pays. Honneur à ces hommes de cœur, mais honte éternelle à ceux qui ne craignent pas de mettre en présence tant de généreux citoyens pour les faire s'entre-tuer!

*
* *

Les gouvernements qui veulent la guerre ont bientôt trouvé un motif, imaginé une offense pour en tirer prétexte d'une rupture. Ils se gardent bien de faire connaître les véritables mobiles de leur conduite, car alors le mépris qu'inspire une action inique serait le résultat de leur maladroite équipée.

Ils savent travestir les faits les plus simples, les plus insignifiants en délits sérieux; ils donnent à des peccadilles la forme d'une injure grave, d'une offense sanglante à l'adresse de l'honneur national; car il importe de chatouiller le patriotisme du public.

Et pour mieux tromper ce public et aussi pour ne pas soulever contre eux-mêmes la réprobation universelle, ces gouvernements se livrent à des tentatives simulées de rapprochement : n'est-il pas nécessaire de se donner les apparences de la magnanimité, de paraître soucieux de remplir ses devoirs de gouvernements paternels?

Tout à coup, ils déclarent avec un admirable effarement que, malgré leur bon vouloir, toutes les négociations entreprises pour laisser les peuples jouir des bienfaits de la paix ont échoué; les relations sont rompues, la guerre est inévitable.

Au besoin, ils prennent Dieu à témoin de l'innocence de leurs intentions et rejettent avec force toute la faute sur leurs adversaires.

Puis chaque gouvernement embouche la trompette guerrière, fait à son peuple un tableau effrayant des noirceurs commises par la nation rivale et invite tous les citoyens à se lever comme un seul homme pour voler au secours de la patrie en danger.

*
* *

Comment ne pas bondir d'indignation et de rage quand on songe aux suites épouvantables d'une aussi noire hypocrisie? Malheureusement, le public des deux nations ne réfléchit pas ; convaincu que son pays a reçu un affront sanglant, chaque peuple demande la guerre au nom de l'honneur national outragé, dans un moment d'effervescence dont il ne tarde pas à se repentir.

Cependant qu'ont à voir dans ces ignobles comédies la liberté, la patrie, pour lesquelles chaque nation croit se battre? On se sert de ces mots sacrés pour tromper les citoyens, les exciter les uns contre les autres.

Dans les mains des misérables provocateurs du conflit, la liberté, la patrie ne sont que les atouts nécessaires d'un jeu criminel. La vertu du patriotisme est exploitée par des êtres qui font passer leurs intérêts, la satisfaction de leurs appétits avant le bonheur, la tranquillité du genre humain.

Au lieu d'instruire et de moraliser les peuples dont ils ont la direction, les gouvernants dont nous parlons s'en servent pour se faire des rentes plus grosses, pour arrondir leurs domaines. Et c'est pour obtenir ce résultat qu'on déchaîne sur des millions d'êtres inoffensifs les malheurs de la guerre, et cela au nom de la liberté, au nom de la patrie !

Nous renonçons à décrire l'horreur que nous inspirent de pareils procédés, notre langue ne renfermant pas d'expression assez forte qui puisse rendre notre indignation, ni de qualificatif assez sévère pour stigmatiser virilement les misérables fauteurs de guerres.

**

Transportons-nous sur le champ de bataille ; y verrons-nous au moins parmi les combattants ceux qui ont provoqué la guerre? Rarement ils s'y trouvent, il leur faut vivre pour jouir, aussi ont-ils soin de ne pas exposer leur précieuse existence.

Semblables à la hyène, au chacal, ils attendent en lieu sûr que tout soit consommé pour se repaître tranquillement ensuite des fruits odieux de leur épouvantable scélératesse. Laissons ces hommes à leurs affreuses espérances et occupons-nous des armées qui s'apprêtent au combat.

Si, au moment où la bataille va s'engager, une lumière divine éclairait les esprits des braves soldats et leur mon-

trait toute la fausseté, toute l'horreur de leur position,
tout l'odieux du fratricide qu'ils vont commettre, quel
immense bienfait ce serait pour l'humanité! Comment
les armes ne tomberaient-elles pas des mains de ces
hommes qui tous croient combattre pour l'honneur de
leur patrie, en voyant soudain qu'ils sont les jouets d'affreux coquins qui, la guerre terminée, vont s'embras-
ser, se traiter de frères et faire ensemble bonne chère.
Malheureusement, cette lumière bienfaisante ne vient
pas détromper les martyrs au moment suprême : les
tambours battent, les clairons sonnent, la bataille s'en-
gage.

*
* *

Qui donc donne la mort ou la reçoit dans ces épouvantables mêlées, véritable déshonneur de l'humanité? Des
hommes jeunes encore, presque des enfants arrachés
par la guerre aux saintes affections du foyer paternel,
détournés de leurs paisibles et utiles occupations, et qui
ignorent pourquoi il leur faut maintenant tuer ces autres
hommes, leurs ennemis, comme on tue des bêtes fé-
roces nuisibles.

Nous avons peine à comprendre que toutes ces choses
se soient passées, qu'elles se passent encore au nom de
l'honneur, de la justice, sans que les peuples, compre-
nant toute l'horreur de ces drames terribles dont ils sont
les acteurs et les victimes ne suppriment, enfin, les coquins assez fous pour leur parler de guerre. Mais les
hommes de tous les pays n'ont pas fait autre chose jusqu'alors que de se précipiter tête baissée dans la voie
sanglante où les attiraient des gouvernements ambitieux.

*
* *

Cependant, malheureux humains, quand vous aurez
entassé victimes sur victimes, livré batailles sur batailles,
accumulé malheurs sur malheurs, amoncelé ruines sur

ruines, est-il vrai que l'honneur national sera dignement vengé, est-il vrai que l'humanité sera plus heureuse?

Quand vous aurez couvert de sang humain des plaines entières, changé en masses informes, en monceaux de chairs souillées et sanguinolentes les corps de ces enfants qui avaient fait toute votre joie et causé tous vos chagrins aussi peut-être, quand vous aurez écrasé, broyé, foudroyé ces jeunes gens qui constituent la partie vitale par excellence de votre nation, votre liberté sera-t-elle plus assurée?

Quand vous aurez arraché au pauvre vieux père son fils chéri, à la veuve inconsolable sa seule espérance en ce monde, aux frères plus jeunes leur unique appui, à la jeune fille au cœur pur son fiancé bien-aimé; quand vous aurez anéanti les espérances et les joies intimes de tant d'êtres bons et aimants; quand vous aurez bouleversé la famille, accablé de peines et de misères tant d'innocentes créatures, votre patrie sera-t-elle plus grande et plus prospère?

Quand, pour assouvir une rage insensée, vous aurez détruit les récoltes de toute une contrée, ravagé les campagnes paisibles, bombardé, saccagé, incendié des villes opulentes et riches naguère, et que vous les aurez changées en déserts, en nécropoles; quand vous aurez fait tant que partout où l'on voyait autrefois la vie et le bonheur l'on ne voie plus maintenant que le malheur et le néant, le droit et la justice auront-ils triomphé pour cela, s'il est vrai que la justice et le droit puissent triompher dans d'aussi effroyables conditions?

2

CHAPITRE IV

Injustice et folie de la guerre.

Quand il songe aux conséquences de la guerre, aux misères navrantes, aux souffrances de toutes sortes dont elle est la cause, tout homme doué de bon sens et de quelque sentiment d'humanité se demande s'il n'existe pas de solution pacifique et honorable qui puisse mettre d'accord deux peuples sur le point de se battre.

Nous admettons que cet homme ait eu, lui aussi, un moment de velléité belliqueuse; mais la raison, reprenant le dessus dans son âme momentanément troublée, fera bien vite tomber cette ardeur guerrière. A tout prix cet homme voudrait pouvoir éviter un conflit. Pourquoi ce subit revirement?

Parce qu'il a compris que c'est une odieuse folie que de prétendre punir une offense quelquefois légère par un grand crime. Dans cette nouvelle disposition d'esprit, l'homme dont nous parlons méprisera dédaigneusement l'insulte ou il la pardonnera généreusement: dans les deux cas il n'y aura pas collision.

Si cet homme est un chef d'Etat, il aura bien mérité de l'humanité, car non-seulement il aura remporté une victoire difficile sur ses passions, mais surtout il aura épargné à deux peuples les malheurs de la guerre.

***

Mais l'honneur, nous objectera-t-on. Que devient l'honneur national avec votre théorie?

La principale raison donnée par les gouvernements qui veulent la guerre et qui désirent en même temps voiler par l'apparence d'un sentiment honorable les motifs peu avouables qui les portent à soulever un conflit est en effet celle-ci : L'honneur du pays est engagé, donc la guerre est inévitable.

Ainsi, c'est au nom de l'honneur que l'on s'entre-tue ; comment laisser outrager son pays sans venger l'affront reçu dans des flots de sang, sans répandre partout le malheur et le désespoir !

Malheureux humains, avant de vous engager dans cette voie criminelle, réfléchissez aux conséquences de la guerre !

Nous admettons que votre ambassadeur n'ait pas été reçu avec tous les égards dus à son rang ou à la nation qu'il représente, qu'on ait omis, à dessein ou non, de l'inviter à un dîner officiel ou même qu'on se soit porté à des voies de fait sur quelques-uns de vos nationaux. On ne peut contester la gravité apparente de ces faits insignifiants par eux-mêmes, mais que les gouvernants belliqueux savent grossir de manière à leur donner la taille d'une véritable offense à l'adresse d'un peuple. Il n'en a pas fallu davantage pour plonger plusieurs États dans des abîmes de misères et de crimes.

*
* *

Nous insistons sur ce mot : réfléchissez, car enfin, si le conflit soulevé aussi misérablement amène une guerre, sont-ce les auteurs de l'injustice dont vous vous plaignez qui seront punis, en supposant encore que vous sortiez victorieux de la lutte?

Nous savons déjà que les fauteurs de désordres et de guerres ont pour habitude de rester en lieu sûr pendant que les victimes de leurs odieuses intrigues se massacrent courageusement au nom de la patrie et de la liberté.

Si ce ne sont point les coupables, qui donc alors supportera le poids de votre colère homicide?

Des gens paisibles, aussi estimables que vous-mêmes, tout aussi innocents que vous et dont le seul tort est d'être les compatriotes de ceux qui vous ont offensés !

Voilà pourquoi nous soutenons que la guerre est injuste, que c'est un crime absurde, car ses conséquences accablent des innocents et épargnent les intrigants qui la provoquent.

**

Allons plus loin encore : un homme honorable, insulté par un individu quelconque et refusant de se rendre sur le terrain, est-il moins estimable pour cela? Nous croyons, au contraire, que celui qui possède assez d'empire sur lui-même pour contenir sa juste colère, en pareil cas, montre une grandeur de caractère qu'on ne saurait trop honorer.

S'il était jugé autrement, cela prouverait que, dans notre société réputée civilisée, la raison est encore obscurcie par les préjugés au point de ne savoir démêler le vrai du faux, le juste de l'injuste.

Pourtant, si chaque affront reçu devait forcément amener un duel, ne voit-on pas que le spadassin peu scrupuleux, spéculant sur ce préjugé d'honneur mal entendu, susciterait une querelle à tout homme dont il voudrait se débarrasser. On sait combien est aveugle le sort des combats : l'équité serait presque toujours vaincue et l'injustice triomphante.

**

Ce sont ces considérations qui nous font envisager le duel et par conséquent la guerre, qui est aussi un duel, comme une action absurde, infâme, indigne d'une nation civilisée.

Sans nous attarder à faire tant de raisonnements pour nous convaincre de l'absurdité de la guerre, nous dirons simplement qu'il est ridicule d'avoir recours à la force brutale pour juger un différend, car quelles sont, alors, les garanties de l'équité? croyez-vous que la victoire impartiale se prononcera forcément en faveur de la justice et du droit?

Mais alors vous tombez dans la même erreur que nos aïeux, plongeant dans une cuve remplie d'eau bouillante un malheureux prévenu et le déclarant innocent s'il sortait de ce bain fastidieux sans brûlure aucune.

**

Et puis, voyez quelle contradiction dans notre façon routinière, arriérée, de juger les choses. Si un homme, insulté dans sa personne ou froissé dans son honneur ou ayant subi quelque dommage dans ses biens par le fait d'un chenapan, voulait faire justice lui-même en châtiant de ses propres mains l'auteur de ses désagréments qu'arriverait-il?

Nous ne pourrions méconnaître qu'après tout il ne fait qu'imiter les gouvernements qui, attaqués par d'autres, répondent a une injustice par une injustice plus grande encore.

- Mais cela ne nous empêcherait pas de critiquer ce singulier citoyen assez impertinent pour prétendre régler sa conduite sur celle des gouvernants.

Nous le blâmerions donc de sa brutalité, ajoutant avec raison qu'il y a des juges, des tribunaux chargés de la répression des délits. En définitive, cet individu nous semblerait outrepasser ses droits en voulant substituer son action personnelle à celle de la justice.

**

Pourquoi, alors, ne pas être logique jusqu'au bout? Pourquoi approuver l'emploi de la force par les gouvernements, qui prétendent agir pour le bien des peuples, quand nous le condamnons chez un individu isolé?

En notre âme et conscience, c'est avilir l'humanité que de faire dépendre des chances d'une bataille les destinées des nations ; c'est rabaisser singulièrement notre imprescriptible dignité d'hommes, c'est-à-dire de créatures d'élite, que de prendre le canon comme juge suprême dans le règlement des questions en litige. Agir ainsi, c'est sacrifier criminellement des milliers d'êtres raisonnables à la stupide satisfaction d'affirmer sa bestialité en foulant rageusement aux pieds les principes sacrés du droit et de la justice.

Inaugurons donc une théorie nouvelle : le droit prime la force ; et au lieu d'imiter les fauves, qui ne connaissent pour juge que la force, au lieu de nous égorger, cherchons plutôt, dans tout conflit élevé, de quel côté se trouve le droit pour décider en sa faveur.

Pourquoi, en effet, ne pas faire pour les peuples ce qu'on fait pour les individus. Si, dans la vie publique, les citoyens s'en rapportent à un juge pour obtenir satisfaction, à plus forte raison doit-on repousser l'emploi de la force brutale quand il s'agit de plusieurs peuples ; alors que des millions d'existences peuvent être mises en jeu, à plus forte raison doit-on s'en rapporter aux décisions d'un tribunal spécial qui, ne consultant que la justice, prononce au nom de l'humanité pour éviter toute effusion.

CHAPITRE V·

Conséquences du système de la paix armée.

Si vous voulez la paix, préparez la guerre! Telle a été jusqu'alors la maxime des gouvernements. Voyons donc quelles sont les conséquences de cette théorie, qui a du bon dans une société à l'état barbare, mais qui ne devrait pas servir de règle dans une société civilisée.

Nous sommes dans un siècle où l'on parle beaucoup de la solidarité des peuples : or, la solidarité doit être autre chose qu'un grand mot sonore, mais creux. Nous sommes vraiment en droit de croire que l'union des peuples est encore considérée comme une chose fort belle, sans doute, mais impossible; et, ce qui nous confirme dans cette conviction, c'est que les gouvernements civilisés continuent à se préparer à la guerre et à se battre, tout comme s'ils ignoraient que la guerre est un fratricide immense et que le fratricide est un crime.

De nos temps, on parle beaucoup aussi des progrès de l'esprit humain : il en est d'heureux, personne ne le conteste. Mais nous ne pouvons envisager comme heureux les progrès réalisés dans la fabrication d'engins guerriers : nous considérons comme un véritable recul à la barbarie tout perfectionnement apporté dans la création de ces terribles bouches à feu capables d'anéantir, en quelques secondes, tant d'êtres humains.

***

Cette fabrication d'appareils homicides a pris dans tous les pays une telle extension qu'on pourrait croire que les gouvernements ont résolu l'extermination générale du genre humain, et cela pour conserver le pouvoir.

Nous reconnaissons volontiers que ce serait un moyen radical de réduire à néant les compétitions futures et de mettre fin pour toujours aux changements de gouvernements, changements si ennuyeux pour ceux qui perdent le pouvoir et les honneurs qu'il procure.

Il paraît, cependant, que les potentats ont des projets moins sanguinaires : c'est uniquement pour rendre les guerres moins fréquentes d'abord, et puis pour mieux établir la paix universelle, qu'on s'ingénie à construire des machines de plus en plus meurtrières.

Nous aurions mauvaise grâce à ne pas admirer la justesse de ce raisonnement, que feu de La Palisse n'aurait pas dédaigné.

Comme conséquence logique d'un aussi beau principe, nous ajouterons que si on en arrive (et cela viendra) à fabriquer des engins capables de tuer d'un seul coup tous les habitants du globe, il est évident qu'après un pareil exploit, les guerres seront moins fréquentes, et que la paix universelle s'établira comme par enchantement sur toute la terre.

Parlons plus sérieusement : les gouvernements, dit-on encore, disposant de ressources meurtrières aussi terribles, n'oseront s'en servir que dans les cas extrêmement graves.

Nous ne pouvons nous illusionner ainsi. L'histoire et l'expérience nous montrent assez quel est le sort réservé aux projets d'humanité et de concorde quand l'envie et l'injustice ont en main les armes nécessaires pour perpétrer leurs attentats. D'ailleurs, à force de construire de telles machines, d'en faire des essais chaque jour, on finit par se familiariser peu à peu avec l'idée de leur épouvantable faculté de destruction. Et non-seulement on s'habitue à trouver naturel qu'on veuille faire le plus grand nombre possible de victimes quand le moment fatal est arrivé, mais c'est avec une joie sauvage qu'on accueille tout progrès réalisé dans l'art de tuer en grand.

De même aussi, à force de manier le sabre et de se dire que l'on est soldat, c'est-à-dire exposé à tuer ou à être tué, on en arrive souvent à considérer la guerre comme la condition essentielle de son métier de militaire.

**

Aussi, voyons-nous aujourd'hui le génie des hommes créer des navires formidablement blindés pour leur donner une plus grande force de résistance contre l'action des projectiles fondus uniquement pour percer leur épaisse cuirasse,

Toujours en vertu de ce principe qu'on n'obtient la paix qu'en préparant la guerre, on dépense des sommes immenses pour construire des remparts, des forts, afin de mettre les villes en état de défense.

On arrache pendant de longues années le jeune homme aux affections de sa famille, pour lui apprendre le métier de soldat. Heureux encore s'il ne perd au régiment les nobles et douces vertus du foyer domestique !

Chose malheureuse ! chaque peuple civilisé gaspille chaque année des centaines de millions pour nourrir et armer ses soldats, pour s'approvisionner d'engins destructeurs de plus en plus expéditifs, tout comme si l'on devait entrer bientôt dans une ère perpétuelle de combats.

En France, on peut évaluer en moyenne à sept cent millions de francs la somme absorbée annuellement par les deux budgets de la guerre et de la marine.

Nous ne sortirons pas de la vérité en affirmant que toutes les nations de l'Europe (la plus civilisée des cinq parties du monde) sacrifient tous les ans au moins quatre milliards de francs uniquement pour préparer la guerre, afin de conserver la paix.

**

N'est-ce pas déplorable? Mais si l'on n'avait pas de guerres à redouter, quel bien immense on pourrait faire avec de telles sommes, afin de rendre à tous la vie plus facile et plus riante?

Une partie de cet argent serait consacré à l'achèvement de grands travaux entrepris sur les différents points du globe, pour rendre plus promptes et plus sûres les communications entre tous les peuples. Le commerce en recevrait une impulsion continue, puissante, dont bénéficieraient les habitants de tous les pays.

Partout on diminuerait notablement les impôts qui pèsent sur l'agriculture et entravent les progrès de cette industrie première, indispensable. On diminuerait également les droits de douane, qui rendent parfois si difficiles les transactions commerciales des peuples.

On bâtirait partout des écoles où l'enfance et la jeunesse recevraient l'éducation et l'instruction, sans lesquelles il n'y a point de vrais progrès possibles dans la vie sociale.

On élèverait peu à peu dans tous les pays, pour les enfants abandonnés ou coupables, pour les ouvriers devenus invalides par l'âge ou par accident, des maisons de refuge où ils seraient recueillis et traités affectueusement.

Que de misères morales et matérielles on pourrait soulager efficacement si, au lieu de consacrer tristement des sommes prodigieuses à l'extermination du genre humain, on les employait aux œuvres utiles dont nous venons de parler.

Nous n'avons considéré jusqu'ici que le côté matériel de cette question. Est-ce à dire que c'est là tout le mal causé par le système de la paix armée?

Non. Parlerons-nous des angoisses qui assiègent l'esprit, qui torturent le cœur d'un père, d'une mère ayant un fils sous les drapeaux?

Décrirons-nous les souffrances morales qui sont le partage de jeunes gens désireux de s'unir et qu'une loi sépare pendant de longues années.

Mais ce n'est pas tout encore : une autre question se

soulève. A-t-on jamais réfléchi aux puissants éléments de production matérielle et intellectuelle qu'on annihile quelquefois complétement, qu'on neutralise toujours pendant la durée du service militaire ?

Nous qui pensons que les peuples ne vivent pas par la destruction et par la mort, mais par le travail et l'intelligence, nous reconnaissons qu'il est impossible de se rendre compte du tort immense que fait à la société entière la séquestration à la caserne, pendant un certain nombre d'années, de la partie la plus virile, la plus généreuse de ses membres.

*
* *

Nous voulons sortir enfin de l'ornière sanglante où nous ont précipités l'ignorance et une éducation humanitaire malsaine. Nous adressant à tous les peuples, nous leur disons : Si vous voulez la paix, préparez la paix.

Cela veut dire que le devoir des nations et des gouvernements est de rejeter avec horreur toute solution par la force brutale, comme contraire au droit et à la justice. Cela veut dire aussi qu'il faut donner à tous les hommes, quels qu'ils soient, riches ou pauvres, blancs ou noirs, jaunes ou rouges, autant qu'il est possible, une éducation basée sur ce principe fondamental qu'une seule vie humaine est un bien inestimable et sacré au-dessus de toute considération politique possible.

On nous objectera qu'à certains moments les peuples habitant les pays froids ou stériles, incapables de trouver dans leurs contrées les produits nécessaires à la vie et y mourant presque de faim, sont fatalement condamnés à la guerre; ils peuvent, s'ils sont victorieux, arracher aux vaincus une partie de leurs richesses ou annexer à leur empire des provinces riches ou plus fertiles dont les produits les nourrissent.

*
* *

Il est vrai que le sol de plusieurs vastes contrées n'a encore produit qu'une faible partie de la quantité nécessaire à l'existence de la population exubérante qu'elles contiennent. Cela tient à bien des causes autres que l'aridité du terrain, aux causes politiques surtout. Quand la possession des terres se trouve réunie en quelques mains privilégiées, au lieu d'être répartie sur un nombre considérable de petits propriétaires, il y a forcément gêne ou misère pour les classes laborieuses. Revenons au sol improductif jusqu'alors : qu'on emploie à la culture de ce même sol les sommes immenses consacrées à l'éducation militaire des peuples, qu'on favorise largement tous les procédés agricoles susceptibles d'augmenter la fertilité des terres et par suite leur production. et on obtiendra certainement des résultats inespérés.

Si cela ne suffit pas, si la proportion croissante des produits donnés par une culture intelligente et favorisée par le gouvernement est encore inférieure à la somme exigée par les besoins de la population, rappelez-vous qu'il est d'immenses contrées encore inhabitées et dont les terres, bien cultivées, donneraient enfin les quantités nécessaires de céréales et de légumes.

En un mot, cherchez dans la colonisation un dérivatif pacifique et puissant à la fois; faites vivre ces pays déserts en y installant une population active, laborieuse; mais ne recourez plus à la guerre, c'est-à-dire à la mort, pour mettre fin aux misères d'un peuple.

C'est ainsi que nous comprenons la vie sociale; nous n'admettons pas qu'on tue les uns pour nourrir les autres; nous voulons qu'il y ait place pour tous au soleil, au banquet de la vie. Et quand on aura bien compris la valeur de l'existence humaine, il sera impossible d'exposer à la mort tant de citoyens, et nous n'aurons plus à déplorer les conséquences de la guerre ni celles du système de la paix armée.

DEUXIÈME PARTIE

LA PAIX UNIVERSELLE

CONSIDÉRATIONS GÉNÉRALES — SYSTÈME D'ÉDUCATION
DÉFINITION DU PATRIOTISME
APLEL AUX PÈRES ET AUX MÈRES DE FAMILLE
CONCLUSION

DEUXIÈME PARTIE

CHAPITRE VI

Considérations générales.

Maintenant que nous avons exposé aussi succinctement que possible ce que nous pensons de la guerre et de ses conséquences malheureuses, il nous reste à parler des moyens à employer pour remplacer, dans le règlement des querelles internationales, l'emploi de la force par l'action salutaire de la raison et de la justice.

Y a-t-il possibilité d'arriver à la paix universelle? Et quels sont les moyens pratiques pour éviter la guerre?

Nous ne sommes pas le premier à soulever cette grande question, qu'on peut appeler la question humanitaire par excellence. Un de nos rois, Henri IV, qui avait dû guerroyer longtemps et qui avait été à même de juger des malheurs de la guerre, aurait voulu établir une confédération pacifique de tous les peuples de l'Europe.

D'après son projet, un tribunal suprême, composé de représentants de chaque nation, serait intervenu dans toute question irritante et, après avoir examiné l'affaire, aurait prononcé entre les parties adverses.

C'était rendre la guerre impossible, mais les grandes

puissances de l'Europe, ou plutôt les souverains en quête d'agrandissements territoriaux, n'auraient pas voulu accéder à un compromis qui fermait à jamais l'ère des conquêtes. Henri IV mourut sans avoir pu donner ombre de suite à son projet.

**
*

Après lui, vint l'abbé de Saint-Pierre, qui publia un traité de paix perpétuelle ; c'est peut-être pour cette raison que Voltaire l'appelait le secrétaire de la république de Platon. Quoi qu'il en soit, Henri IV et l'abbé de Saint-Pierre, en concevant de tels projets, ont réellement mérité de la France, cette nation aux aspirations généreuses, et de l'humanité entière.

Depuis, tous ceux qui ont parlé dans le sens de la paix universelle ont passé pour des rêveurs, des utopistes au cœur bon et sensible, sans doute, mais incapables de concevoir, de comprendre les dures nécessités de la vie politique des peuples. Tous se sont heurtés à l'épouvantable amas de préjugés qui obstruent le cerveau des humains. Si quelques sages se sont donné la peine d'étudier superficiellement les théories émises par les dangereux novateurs qui poussaient l'impertinence jusqu'à vouloir supprimer la guerre, c'était pour en tirer cette conclusion que la guerre était une chose malheureuse, mais naturelle et nécessaire.

Serons-nous plus heureux que nos devanciers ? le travail que nous publions aura-t-il une influence bienfaisante sur les destinées de l'humanité ? Nous l'espérons ardemment.

*

Ce n'est pas par la force matérielle qu'on peut songer à établir la fédération universelle des peuples en vue d'assurer la paix. Si jamais, comme au temps de Rome, une tentative de ce genre était susceptible de réussir, du moins momentanément, par l'asservissement du monde à une seule puissance, nous ne pourrions nous en réjouir. Combien de batailles se livreraient, combien de torrents de sang couleraient avant que la domination du globe soit assurée à un seul peuple ?

Et en supposant que ce même peuple soit heureux dans toutes ses guerres contre les nations qu'il veut subjuguer, ce qui est inadmissible, combien de temps durerait l'état de choses créé par la force brutale ?

N'est-il pas évident que tous les peuples asservis chercheraient à recouvrer leur liberté, et que des dissensions, des guerres, troubleraient, puis détruiraient le nouvel empire, comme autrefois l'empire romain, qui s'est écroulé autant sous le poids de son immensité et des fautes de ses souverains que sous les coups des barbares.

Ce n'est donc pas par la force matérielle, par la force des armes que nous prétendons établir l'accord qui rendrait la guerre impossible. La paix universelle, cet idéal que nous poursuivons, ne pourra s'établir que par la propagation *universelle* au moyen d'une éducation et d'une instruction appropriées, d'idées plus saines, plus justes que celles acceptées jusqu'alors, sur l'humanité, l'honneur et le patriotisme.

*
* *

Cette œuvre gigantesque de la fraternité des peuples, de leur accord définitif pour repousser la guerre comme un crime, ne sera pas l'ouvrage de quelques jours; mais, nous le répétons, cet accord peut se faire et il se fera si on donne aux nations une éducation sociale plus en rapport avec les progrès de l'esprit humain. Tout est là; ces mots : éducation, instruction, résument l'avenir de l'humanité. Quelques-uns nous disent : « Vous voulez donc bouleverser la société, renverser l'état de choses établi par une civilisation incomparable. »

Nous ne voulons rien bouleverser; mais nous considérons la guerre comme un crime incompatible à toute idée de civilisation réelle. Tant que les peuples se précipiteront les uns sur les autres pour se dépouiller réciproquement, tant que la guerre sera à redouter, nous ne pourrons sincèrement nous qualifier d'êtres civilisés. Ce ne sont pas les jouissances raffinées de la vie du beau monde qui constituent la véritable civilisation : près de ceux qui vivent d'une existence dorée, près de ceux qui s'ingénient à se créer des besoins nouveaux pour avoir le plaisir de les satisfaire avec leur or, il en est qui meurent de faim! Dans une société réellement civilisée, ces douloureux contrastes ne doivent pas se produire; la bonté et la justice doivent être les seules bases des rapports entre tous les citoyens.

Vouloir améliorer ainsi le sort des humains, c'est poursuivre un noble but; pour l'atteindre, il faut rompre avec les préjugés et la routine sanglante dans laquelle nos ancêtres ont gémi et souffert.

Les hommes illustres qui, à différentes époques, ont donné aux peuples des constitutions plus en rapport avec le progrès des idées savaient parfaitement que leur œuvre n'était pas immuable, que là ne s'arrêterait pas la marche de la civilisation. Ce qui, de leur temps, était considéré comme bon, et plus encore comme l'expression ia plus forte des conceptions humanitaires et sociales, ne répondant plus actuellement aux besoins de l'humanité, doit-on craindre de porter la main à un édifice dont une partie se lézarde pour le consolider?

Il en est de même de la société à l'heure actuelle.

Si, dans les temps que nous qualifions dédaigneusement de barbares, sans réfléchir à cela que nous sommes tombés dans les mêmes fautes, on a cru devoir recourir à la guerre pour trancher les querelles entre les peuples, ç'a été un grand malheur pour l'humanité. Mais puisque nous proclamons si haut notre supériorité, que nous nous flattons si complaisamment de notre civilisation, nous devrions au moins faire en sorte de mériter les éloges que nous nous adressons. Pour cela, il suffirait d'inaugurer franchement le triomphe du droit sur la force, de la raison sur les passions, de la générosité sur la basse rancune. Quand nous aurons ainsi régénéré la société, nous pourrons être certains d'avoir supprimé la guerre, car nous aurons détruit ou plutôt notablement atténué les causes morales qui la produisent.

*
* *

D'aucuns ont prétendu que, s'il était possible d'empêcher les guerres, il y a longtemps que cette utile réforme serait accomplie. Eh bien, non, cela ne pouvait se faire à une époque d'ignorance et de barbarie. D'ailleurs, si cette théorie de la suppression de la guerre est accueillie avec indifférence par une grande partie de nos contemporains, comment aurait-elle pu être comprise, acceptée et mise en pratique à une époque moins avancée que la nôtre?

Aurait-on cru au moyen âge que cette idée de la fraternité universelle germerait un jour dans le cerveau des hommes? Reportez-vous par la pensée à ce temps que nous venons d'évoquer et vous reconnaîtrez que, malgré la conversion des peuples européens au christianisme, malgré les exemples de bien des modèles de douceur et de justice comme il s'en est trouvé dans tous les temps, les mœurs étaient généralement empreintes des caractères de la barbarie primitive.

C'était le temps où les empereurs, les rois, les princes, les simples barons même se faisaient la guerre, soit pour agrandir leurs États ou leurs domaines, soit pour tirer vengeance d'une offense réelle ou imaginaire, soit uniquement pour arriver à la gloire. De quelque manière qu'on veuille envisager cette époque, on est forcé de convenir qu'alors la guerre était à l'ordre du jour. Il est vrai que l'Église, dans un but humanitaire, établissait la Trève de Dieu, sorte de convention aux termes de laquelle on ne devait point se battre du mercredi soir au lundi matin. En dépit de l'influence de la religion sur nos ancêtres, cette défense n'était pas rigoureusement respectée et les idées religieuses elles-mêmes se dénaturaient au contact de la barbarie.

*
* *

Mais pourquoi les puissants d'alors se faisaient-ils ainsi la guerre? Deux mobiles les faisaient agir en ce sens : tuer le temps et arriver à la gloire. La plupart de ces hauts personnages vivaient dans une ignorance profonde. Ils ne savaient rien faire en dehors des exercices corporels, dans lesquels ils excellaient.

Avec de tels gouvernants la guerre était inévitable et, malheureusement aussi, permanente. Cependant, malgré l'état de trouble où était plongée la société, les lois fondamentales de progrès et de transformation continuaient à régir l'humanité. Le monde marchait lentement, inconsciemment, mais enfin il marchait vers un avenir meilleur. Peu à peu les mœurs devenaient moins farouches : de grandes inventions amélioraient le sort matériel des hommes, en même temps qu'elles développaient leur intelligence ; des révolutions modifiaient la vie politique et sociale des peuples.

La guerre elle-même subissait l'influence de la loi du progrès : aux combats singuliers, aux guerres privées succédaient les expéditions nationales ; après la victoire, une certaine générosité à l'égard des vaincus remplaçait quelquefois la barbarie des peuples anciens, livrant tout au pillage, à la destruction. La poudre à canon était découverte, de puissants engins de guerre étaient créés, et chaque peuple ou plutôt chaque gouvernement se donnait le triste plaisir de surpasser, à grands frais, ses voisins dans la fabrication d'appareils homicides.

Et maintenant, voilà où nous en sommes : il est incontestable que de grands et d'heureux progrès se soient accomplis, que bien des abus aient disparu ; mais là ne se bornera pas le mouvement qui emporte la société vers l'idéal, en dépit des contradictions et des reculades. D'autres progrès s'accompliront encore, d'autres préjugés et d'autres abus disparaîtront aussi sous la bienveillante influence de la vérité et de la justice, car il n'est aucune force possible qui puisse arrêter l'humanité dans sa marche vers le bien, le beau et le vrai, dont l'être suprême est le principe.

Il faut convenir que l'injustice et la violence sont encore les arbitres des nations, quoique à un degré moindre qu'autrefois. Malgré les craintes de certains esprits timorés ou trompés, malgré les déceptions de ceux qui s'enthousiasment trop facilement en faveur d'une institution quelconque, sans attendre que le temps et l'expérience aient porté leurs fruits, il est permis d'espérer pour nos descendants en un temps moins troublé que celui où nous vivons. De l'immense amas d'erreurs et de crimes qui pèse sur l'humanité, il se dégage un courant instinctif, généreux et puissant qui parcourt le monde étonné peut-être de se sentir meilleur qu'il ne le croyait.

Bien des esprits voudraient sincèrement que la solidarité des peuples ne fût pas un vain mot : la France, mutilée par la guerre, a donné l'exemple. Chaque fois qu'une catastrophe terrible est venue s'abattre sur un pays étranger, bien des cœurs français se sont émus, et ce peuple inconstant et frivole a montré qu'il possédait la qualité maîtresse, celle qui doit transformer le monde : la générosité.

Quand, par une éducation basée sur la générosité et la justice, tous les peuples en seront arrivés à se secourir mutuellement, ils comprendront qu'ils ont mieux à faire que de se ruiner par la guerre : alors s'imposera cet accord heureux de toutes les nations, par la seule force raisonnée et pacifique d'idées vraiment humanitaires et sociales, parce qu'elles seront fondées sur les principes imprescriptibles du droit et de la justice.

Convainquons-nous de cette vérité que la seule guerre nécessaire et juste est celle faite à l'ignorance et aux passions malsaines du cœur humain. Instruisons-nous donc et moralisons-nous pour dissiper cette ignorance et pour triompher de ces passions qui, à certains moments, et grâce au concours de circonstances savamment exploitées, peuvent amener cette catastrophe effroyable qui s'appelle la guerre.

CHAPITRE VII

Système d'éducation et d'instruction.

Bien que nous ayions une foi absolue en la suppression future de la guerre, nous n'espérons pas pour cela voir jamais les hommes d'accord sur toutes les questions.

Mais entre ne pas être du même avis et se battre parce qu'on diffère d'opinion, il y a loin, et cette marge ira toujours s'agrandissant à mesure que les idées de tolérance et de respect pour les opinions des autres s'implanteront de plus en plus dans nos mœurs.

Et comment les idées de tolérance et de respect entreront-elles dans nos mœurs?

Nous touchons ici au point capital du sujet que nous traitons, aussi notre réponse sera-t-elle le résumé des moyens à employer pour arriver à cette fraternité universelle que tous nous devons souhaiter ardemment.

Nous obtiendrons tout par une éducation convenable : il n'y a pas que l'intelligence humaine qui soit capable de progresser indéfiniment; la bonté et les autres qualités du cœur, sont susceptibles aussi d'une grande force d'extension.

L'instruction développe l'intelligence, mais cela est insuffisant. Un homme instruit, mais dépourvu des qualités du cœur est un être infiniment plus nuisible qu'un ignorant aussi méchant que lui, car le savant dépravé a plus de ressources pour faire le mal.

C'est pour cela que nous ne séparons pas l'éducation de l'instruction : nous donnons même la priorité à l'éducation, cette instruction du cœur.

***

Nous avons entrepris une propagande sérieuse, humanitaire et non une campagne de flatteries et de flagorneries, aussi ne craindrons-nous pas d'adresser à la plupart des parents les justes reproches qu'ils méritent.

Des personnes sensées se plaignent de l'égoïsme qui caractérise la société actuelle et trouvent singulier qu'il en soit ainsi : nous trouvons cet état de choses tout naturel. Si réellement il y a des contrastes blessants dans la vie, si tant de tentatives antisociales se produisent, si enfin nous vivons dans une époque troublée, à quoi cela tient-il? A la mauvaise éducation donnée à leurs enfants par ceux-là mêmes qui gémissent le plus maintenant. Ils ont fait de leurs enfants des êtres personnels, égoïstes et lâches, et cela en les flattant, en craignant de les corriger lorsque c'était nécessaire.

Devenus hommes à leur tour, ceux-ci élèvent leurs petits plus mal encore qu'ils ne l'ont été eux-mêmes ; ces enfants sont les maîtres, les dominateurs, les tyrans du logis.

Pour ne pas les faire pleurer, on cède lâchement à toutes leurs volontés, on sourit de leurs impertinences, on rit de leurs grossièretés, on s'amuse de leurs insultes, qu'on prend pour des traits d'esprit.

Avec un aussi stupide système d'éducation, les enfants ainsi élevés en arrivent à mépriser leurs parents, qu'ils prennent pour des esclaves soumis à leurs caprices et très-heureux de leur obéir. Plus tard, ils leur cracheront au visage, et si les malheureux vieillards sont devenus infirmes ou indigents, leurs enfants les laisseront mourir de faim, à moins qu'ils n'aient abrégé leurs jours par leurs monstrueuses équipées.

**

Qu'ils sont rares les pères et mères de famille qui s'occupent sérieusement de développer l'intelligence et les qualités naissantes de leurs enfants. Combien de parents disent, pour s'excuser d'un aussi déplorable oubli de leurs devoirs primordiaux : « Nous n'avons pas le temps; d'ailleurs cela regarde l'instituteur. » Eh bien ! non,

l'éducation et l'instruction de l'enfance ne regardent pas
l'instituteur seulement : quels que soient le zèle et le
dévouement des éducateurs de la jeunesse, ils ne peuvent remplir fructueusement leur utile mission sans le
concours *dévoué*, amical des parents.

Nous ajouterons que ceux des parents qui non-seulement ne s'occupent pas de cette grande et sublime tâche
de l'éducation, mais encore l'entravent en méconnais-
sant l'autorité du maître ou en encourageant l'enfant à
la désobéissance, ou en critiquant les actes de l'instituteur en présence de leurs enfants, ces parents com-
mettent une faute grave dont ils subiront un jour les
tristes conséquences. De plus, après avoir préparé leur
malheur et celui de leur progéniture, ils font un mal
immense à la société en faisant de leurs petits des êtres
querelleurs, vicieux, méchants, enclins à la paresse ou à
la désobéissance.

De pareils enfants devenus hommes, et dont les défauts
auront grandi avec l'âge, seront forcément des éléments
de discordes et de troubles sociaux. Nous n'essaierons pas
de décrire le sort d'une société qui serait composée uniquement d'aussi tristes citoyens.

Pour nous, la véritable insouciance de tant de parents
à l'égard de cette question vitale de l'éducation de l'enfance est le plus sérieux obstacle aux progrès de la vraie
civilisation. Ce n'est pourtant pas avec une ou plusieurs
générations d'êtres vicieux, égoïstes, incapables d'aspirations généreuses que s'accentuera le mouvement de l'humanité dans sa marche vers l'idéal de la vérité, de la
justice et du droit.

*
*   *

Voici les principales lignes dont l'ensemble constitue
notre système d'éducation, que nous faisons reposer uniquement sur la bonté, la justice et sur le respect absolu
des droits et des opinions des autres.

A quelque opinon qu'on appartienne, quelle que soit
la religion qu'on professe, si riche et si puissant que l'on

soit, on n'a pas le droit de donner à ses enfants une éducation basée sur d'autres principes que ceux du devoir
commun à tous les hommes.

Dès que l'enfant commence à sentir, à comprendre,
on doit lui apprendre à distinguer le bien du mal, soit
par des exemples tirés de la vie des hommes illustres
par leurs vertus ou par le bien qu'ils ont fait, soit
surtout en profitant de ses bonnes actions pour l'en récom-
penser et de ses fautes pour l'en punir. Il importe cependant que l'enfant sache qu'il doit faire le bien, non
pas en vue d'obtenir une récompense, mais parce qu'il
est nécessaire d'accomplir le bien, sans trop en espérer
d'autre loyer que la satisfaction d'avoir rempli son devoir.

Dès l'âge le plus tendre il faut lui enseigner l'amour de
la vérité et se montrer impitoyable pour tout mensonge,
car le menteur est un lâche ou un hypocrite : un lâche,
s'il ment pour s'excuser d'une faute commise; un hypocrite, s'il ment avec l'intention de tromper les personnes
auxquelles il s'adresse. La lâcheté et l'hypocrisie sont
deux vices méprisables et odieux; le manque de franchise a causé bien des guerres et des malheurs de toutes
sortes. La diplomatie, qui est l'art de diriger les rapports
des peuples et de sauvegarder leurs intérêts, devrait reposer sur la franchise et sur l'honnêteté; les peuples en
seraient beaucoup plus heureux et les gouvernements
plus tranquilles.

*
* *

L'âme de l'enfant, on l'a dit avec raison, est une cire
molle; elle reçoit et garde l'empreinte de la direction
qu'on lui donne. C'est donc pour les parents un devoir
formel, sacré, de ne jamais rien dire, de ne jamais rien
faire qui puisse blesser la vertu de leurs enfants. Malheur
aux pères et aux mères de famille assez criminels pour
initier au mal les pauvres petits êtres dont ils devraient
tourner les idées vers le bien.

A mesure que l'enfant grandit, que son intelligence se

développe, il faut lui donner des notions saines sur la famille, la patrie et l'humanité.

Par le mot famille, on entend l'ensemble des personnes d'un même sang ; il est naturel que l'enfant aime tous les membres de sa famille et qu'il ait horreur de toute cause de discorde ou de haine entre eux. La patrie, c'est le pays où l'on est né ; la patrie, c'est encore la réunion de toutes les familles habitant ce pays, parlant toutes la même langue, ayant toutes les mêmes mœurs et les mêmes intérêts, liées entre elles par les souvenirs glorieux ou maheureux du passé.

C'est une belle et consolante tâche que celle d'inculquer à l'enfance les principes sacrés du véritable patriotisme.

Nous disons véritable, parce que le faux patriotisme consiste à désirer ardemment l'agrandissement territorial de notre pays aux dépens des autres contrées, et à établir par la force des armes la domination de notre patrie sur les autres nations.

Pour nous, cette manière d'aimer son pays est peu éclairée ; aussi nous disons à l'enfant que, le vrai patriote, c'est l'honnête homme remplissant sans bruit, sans forfanterie, tous ses devoirs de citoyen et travaillant à la grandeur morale et intellectuelle de sa patrie, en élevant, selon ses propres forces, le niveau des idées et de l'instruction de ses compatriotes. Nous disons encore à l'enfant que la guerre est un crime, les conquérants les ennemis de la société, et que les vrais amis et serviteurs de la patrie, c'est l'agriculteur éclairé, le patron intelligent, l'ouvrier laborieux et économe qui, selon leur position, assurent, par leurs utiles travaux, la supériorité agricole, industrielle et économique de leur pays sur les autres contrées.

L'humanité est l'ensemble des êtres raisonnables, civilisés ou sauvages, quelles que soient leur couleur et leur façon d'exister. Il faut apprendre à l'enfant à aimer tous les hommes et à se montrer bon et juste envers tous ceux qui l'entourent. Si l'enfant doit aimer ses semblables, il ne doit pas cependant aimer leurs défauts, ni excuser leur injustice ; mais il faut lui faire comprendre que si une personne commet une faute, ce n'est pas cette personne qu'il faut exécrer, mais les passions qui l'ont portée à faire le mal.

Nous le répétons : la bonté et la justice doivent être la base de l'éducation sociale ; si on sème dans le cœur de l'enfant l'envie et la haine, on ne peut que récolter les troubles et la guerre.

**

Apprenons à l'enfant à respecter les opinions et les croyances du prochain : nous ne connaissons rien de plus stupide et de plus antisocial, rien de plus contraire aux principes de liberté, d'égalité et de fraternité que d'élever l'enfance dans le mépris insultant des idées qu'on ne partage pas. C'est ainsi qu'on prépare les discordes civiles et les agitations stériles qui fatiguent et énervent la société.

Il est naturel qu'un père de famille, convaincu de l'excellence ou plutôt de la vérité de ses opinions, cherche à les faire aimer de son enfant. Mais il doit lui enseigner avant tout la tolérance pour les idées d'autrui ; car il faut que l'enfant sache que la liberté de chacun a pour limite la liberté des autres, et qu'on ne doit jamais porter une atteinte, même légère, à cette liberté. Appliquons-nous à bien faire comprendre à l'enfant la nécessité pour tous les hommes de se montrer justes et bons envers leurs semblables. Faisons-lui entendre que les principes : « Ne pas faire à autrui ce qu'on ne voudrait qu'il vous soit fait » et « Faire aux autres le bien qu'on voudrait qu'ils vous fassent », sont le résumé des sentiments de justice et de fraternité qui doivent régler nos rapports avec les hommes.

C'est cette direction généreuse qu'il faut donner aux premiers pas de la jeunesse dans la vie, et quand l'enfant a grandi, quand, à force de soins et d'amour, on a fait de ce petit être un homme bon et libéral, on peut être cer-

tain d'avoir accompli ses devoirs d'homme et de bon
père.

Par ce système d'éducation, qui est celui des pères
de famille éclairés, soucieux de remplir dignement la
noble mission qui leur incombe, on arrive à convaincre
les jeunes générations de cette grande vérité que le vrai
devoir consiste à aimer la famille, la patrie, l'humanité
beaucoup plus que soi-même et qu'on ne doit pas hésiter
à se sacrifier au besoin pour elles, non plus pour détruire,
mais pour sauver, pour lutter contre la mort.

Les hommes ainsi élevés sauront que le véritable honneur ne consiste pas à céder à la colère pour se venger
par la force d'une offense reçue. Agir ainsi, c'est obéir à
un préjugé, à une basse rancune; c'est rendre le mal
pour le mal. Il est plus honorable et plus rationnel même
de pardonner ou de mépriser de vaines attaques; il est
vraiment grand et généreux de rendre le bien pour le
mal.

C'est bien difficile de surmonter la juste colère qu'inspire toujours une offense imméritée ou une injustice quelconque, mais quelle joie douce et noble est le prix de
celui qui a le sublime courage de pardonner.

On peut quelquefois ramener au bien ou à de meilleurs
sentiments l'individu qui, en vous outrageant, agissait
plus par étourderie que par méchanceté. On peut se faire
des amis dévoués de ceux envers qui on a été ainsi généreux, car on leur a appris à connaître le véritable honneur, qui réside dans les bons sentiments du cœur.

**
* *

C'est d'après ces idées que nous devons élever les enfants et leur donner l'exemple pour rendre notre ensei-
gnement plus fécond. En travaillant ainsi, nous prépare-
rons le bonheur des sociétés à venir, car elles ne seront
pas imbues des préjugés ni désolées par les crimes qui
ont fait notre malheur, comme ils avaient fait celui de
nos ancêtres.

C'est ainsi que les hommes apprendront à respecter la vie, la liberté et les droits de leurs semblables ; leur amour de l'humanité leur fera rejeter avec horreur l'emploi de la force brutale pour obtenir justice. Ils n'y penseront même pas, car ils sauront trouver, grâce aux principes d'une éducation vraiment sociale, parce qu'elle aura été fondée sur la justice, des solutions pacifiques et honorables pour trancher un différend quelconque, ce que nos passions et nos préjugés ne nous permettent pas de faire, au grand préjudice de l'humanité.

Peut-être se trouvera-t-il encore quelques violents, quelques ambitieux qui ne voudront pas céder aux sages conseils qui leur sont donnés et prétendront soutenir par la force leurs droits ou leurs opinions. Mais le temps sera passé où l'on allumait la guerre entre les peuples pour des motifs plus ou moins futiles : aussi, en vertu de ce principe que la vie d'un seul homme est un bien supérieur, au-dessus de toute considération politique ou économique possible, on regardera comme des fous ou comme des criminels ceux qui oseront susciter des conflits pour amener la guerre. Aussi encore, leurs compatriotes en triompheront aussi facilement qu'on triomphe des malfaiteurs et des aliénés, et ils les enfermeront jusqu'à ce que ces belliqueux personnages soient revenus à des idées plus saines.

**

*

Nous venons d'exposer brièvement le rôle des parents et des éducateurs de la jeunesse dans l'œuvre de l'éducation sociale et humanitaire des peuples, il nous reste à dire quelques mots sur l'action gouvernementale en cette grave matière.

Il serait puéril de vouloir établir la paix universelle par un décret émanant de n'importe quel chef d'État ; mais il est raisonnable de souhaiter que les gouvernements, consultant leurs véritables intérêts et ceux des peuples, favorisent de tout leur pouvoir tout mode d'éducation tendant à la suppression de la guerre.

Nous estimons que la tribune gouvernementale doit être la chaire d'où partent les paroles de paix et de véritable civilisation. Et si des gouvernants oublient leurs devoirs les plus sacrés jusqu'à vouloir violer les lois naturelles du droit des nations, jusqu'à susciter un conflit, eh bien, qu'il soit fait justice de ces traîtres envers leur patrie, qu'ils exposent à tous les hasards malheureux de la guerre; qu'il soit fait justice de ces traîtres envers l'humanité, qu'ils veulent asservir à leur orgueil !

Mais, pour connaître le véritable degré de culpabilité et de responsabilité des gouvernants à cet égard, il faut que la diplomatie, avec ses dangereux mystères, cesse d'être pour le commun des mortels une sorte de machine barbare, se mouvant au moyen de rouages invisibles et compliqués. Par conséquent, plus de notes secrètes, plus de circulaires mystérieuses, plus de ces mille intrigues toutes plus difficiles à démêler les unes que les autres, et dont souvent l'unique résultat est d'amener la guerre, qu'elles devraient faire éviter. Nous voulons que les rapports entre les peuples soient empreints de cette clarté et de cette franchise qui siéent si bien à tous les hommes de cœur ; que la diplomatie ne soit plus ce ridicule et fantasmagorique appareil de mensonges, de réticences, de sottes chinoiseries, comme de naïvetés voulues, de malices obtuses.

**

Nous croyons qu'il est nécessaire de faire comprendre à tous les hommes que le principe : Ne fais pas aux autres ce que tu ne voudrais pas qu'on te fît à toi-même, ne s'applique pas seulement aux individus, mais aussi aux nations. De même qu'un homme n'a pas le droit d'attaquer un autre homme, de même une puissance ne doit commettre aucun acte agressif contre un autre État.

Le rôle des gouvernements n'est pas de chercher à étendre, par tous les moyens possibles, les frontières d'un État aux dépens des contrées voisines; leur mission, beaucoup plus noble, se résume en quelques mots : gouverner avec justice, moraliser et instruire les citoyens, favoriser les progrès de la production matérielle et intellectuelle.

Il est également du devoir de tous les chefs d'État d'éviter avec soin toute espèce de conflit, et si, malgré eux, une question irritante s'élève, ils doivent la résoudre pacifiquement. Leur responsabilité est grande devant Dieu et devant l'humanité; la postérité jugera sévèrement les gouvernants provocateurs.

Convention internationale.

Voici notre combinaison pour rendre toute guerre impossible; pèut-être existe-t-il une meilleure solution, mais on n'arrive pas du premier coup à la perfection. Nous nous contenterons de faire entrevoir à tous les peuples les progrès à réaliser au moyen de l'éducation de l'enfance.

Etant donné ceci que, grâce à cette éducation dont nous venons de parler, la guerre soit formellement interdite à tout gouvernement, il faudra bien recourir aux seuls moyens raisonnables et justes à employer pour terminer tout différend. Il est inutile de dire qu'il y aura toujours des questions en litige entre les peuples. Si les gouvernements ne peuvent s'entendre, ils doivent porter l'affaire devant un tribunal composé des représentants de chaque nation. Pour sauvegarder les intérêts des petits États, nous donnerons dix délégués à toute puissance dont la population est inférieure à vingt millions d'âmes, et vingt à celles dont le nombre d'habitants est supérieur au chiffre que nous venons d'indiquer. Ce tribunal, appelé convention ou assemblée internationale, prononce entre les parties adverses, mais il ne peut prendre aucune décision que si les neuf dixièmes de ses membres sont présents; la majorié absolue est nécessaire, et il faut trois votes successifs sur une même matière.

Tout chef d'État violateur des arrêts rendus par cette

assemblée souveraine, dont les membres sont élus par les peuples, est déclaré par ce tribunal coupable d'attentat à la sûreté générale des nations; la peine de mort est édictée contre lui si sa résistance est susceptible d'amener un conflit.

Le même châtiment est réservé à tout gouvernement qui proposerait le rétablissement de la guerre.

Toutes les décisions de la convention internationale sont rendues au nom de l'universalité des peuples; nul ne doit les violer ni les élucider.

*
* *

On s'étonnera probablement du caractère radical que nous donnons aux pénalités à édicter contre les violations des décisions du congrès général des peuples.

Ce n'est point par barbarie : nous connaissons assez les chefs de gouvernement pour être convaincu qu'aucun d'eux n'encourra la peine de mort pour crime de rébellion contre les arrêts du tribunal souverain. Car s'il plaît quelquefois aux gouvernants d'envoyer les autres hommes à la mort, il sera beaucoup plus de leur goût de ne pas s'exposer eux-mêmes à un pareil désagrément.

D'ailleurs, si un chef d'État mourait victime de son obstination à vouloir perpétuer un conflit, il pourrait se persuader que son peuple ne le plaindrait que fort peu de sa mésaventure.

CHAPITRE VIII

Le Patriotisme.

Ceux qui croient que la force brutale est la sauvegarde des États, le palladium de l'indépendance nationale, vont s'écrier : « Mais vous allez détruire le patriotisme du cœur de nos enfants avec vos idées sur la guerre et votre système d'éducation humanitaire ! »

Nous ferons simplement remarquer à nos contradicteurs que, malgré le nombre effrayant des guerres qui ont désolé l'humanité, bien des nationalités ont disparu, emportées, anéanties par l'immense tourbillon des invasions et des conquêtes.

La guerre n'est donc pas la protectrice de la patrie, puisqu'elle peut la détruire en un jour de malheur. En voulant arriver à la suppression de la guerre, qui peut causer la ruine de notre pays, nous faisons acte de patriotisme; aussi, avant d'aller plus loin, avons-nous le droit de protester hautement contre ce reproche de vouloir anéantir le patriotisme.

**

L'amour du pays natal est certainement l'un des plus doux et des plus nobles sentiments qui honorent le cœur humain ; ce serait un véritable crime que d'arracher ce sentiment chez tout être raisonnable. Nous aimons notre pays autant qu'on le peut aimer, et c'est précisément parce que nous sommes patriote que nous désirons voir la fin de toutes ces guerres qui tant de fois ont couvert de deuil et de ruines notre chère patrie.

Aussi, loin de vouloir détruire l'amour de la patrie du cœur des enfants, nous voulons donner au patriotisme une essence plus noble, plus en rapport avec la dignité humaine, en le purifiant de toute idée belliqueuse, en extirpant de ce beau sentiment tout ce qui est du domaine de la violence et de l'injustice.

Nous l'avons déjà dit, nous ne faisons pas consister l'amour de la patrie dans ce désir effréné d'agrandissement territorial par les conquêtes guerrières. Ce genre de patriotisme ne nous semble pas éclairé ; car les conquêtes sont toujours une source de revendications et de luttes perpétuelles, le vaincu voulant avoir sa revanche et reprendre par la force ce que la force lui a enlevé.

*
**

Notre but est d'établir un lien fraternel entre les peuples pour empêcher cet assassinat en grand qui se nomme la guerre.

Nous entendons que chaque État conserve ses frontières respectives, que chaque nation soit entièrement maîtresse chez elle et d'elle-même. Bien loin de vouloir tuer le patriotisme, nous sauvons la patrie par le fait seul de cette entente cordiale des peuples ; nous faisons aussi disparaître l'incertitude de l'avenir, la crainte de l'imprévu, ces fruits naturels de la guerre.

Nous faisons consister l'amour de la patrie surtout dans ce désir sincère et profond à la fois que notre pays acquière le premier rang par les solides qualités morales et intellectuelles de nos concitoyens. En conséquence de ce désir, il faut que notre pays soit celui où l'on se dévoue le plus à l'éducation et à l'instruction de l'enfance. Ce point est capital : les enfants d'aujourd'hui seront les hommes de demain et ils seront ce que nous les aurons faits.

Nous devons donc nous appliquer à les former au bien, à en faire des êtres vertueux, éclairés sur leurs devoirs et leurs droits d'hommes et de citoyens.

Nous désirons aussi que notre patrie se distingue des autres contrées, soit par une culture plus intelligente du sol nourricier, soit en excellant dans la fabrication des mille produits manufacturiers nécessaires à la vie.

Voilà comment nous entendons le patriotisme, et nous le résumons ainsi : Respect absolu des nationalités, développement progressif de la bonté et de l'intelligence chez l'enfance par une éducation saine et virile, travail et fraternité.

CHAPITRE IX

Réfutation de quelques objections.

Voici les principales objections qu'il nous a été donné d'entendre émettre contre le système de la paix universelle :

1° Il y a toujours eu des guerres, il y en aura toujours.

2° Sans la guerre, il y aurait trop de monde sur la terre ; on serait exposé à mourir de faim.

3° C'est Dieu qui a établi la guerre, pour punir les hommes.

Il y a toujours eu des guerres, il y en aura toujours.

Il y a toujours eu des guerres, cela est vrai, et l'on ne peut que déplorer cette dangereuse et funeste erreur de l'esprit humain quand il a cru trouver dans la guerre la solution des crises qui, de tous temps, ont agité les nations. Il est permis d'espérer, cependant, qu'il n'en sera pas toujours ainsi et que les questions qui surgiront nécessairement dans la vie des peuples ne se résoudront plus par la force.

Si nous avons toujours eu des guerres, n'est-ce pas à cause de cette éducation donnée jusqu'alors aux peuples, qu'on élevait dans des sentiments belliqueux dont les gouvernements espéraient tirer avantage les uns au détriment des autres. Et plus encore que les tendances des peuples, que les prétendues haines de race, ne sont-ce pas l'ignorance et la barbarie des nations, exploitées par les vices et les ambitieuses espérances des potentats, qui ont été les véritables causes des guerres. Si au lieu d'élever les peuples dans des sentiments de haine, de tant pousser à leur instruction guerrière, on leur donne une éducation sociale fondée sur de larges et généreuses bases, la paix s'établira peu à peu sur notre globe civilisé.

*_**

Ce qui, par ignorance, était trouvé naturel autrefois, nous paraissant aujourd'hui sous son véritable jour, c'est-à-dire odieux et ridicule, ne doit plus exister. Nous serions plus coupables que nos pères si nous tombions dans les mêmes erreurs, si nous commettions les mêmes fautes. Heureusement, la race humaine est susceptible de progrès dans la voie du bien et de la justice, comme dans les sciences et les arts. L'instruction a rendu les hommes plus savants, l'éducation les rendra meilleurs. Les préjugés, ainsi que les abus et les crimes qu'ils engendrent, disparaîtront à mesure que la lumière se fera dans les esprits et dans les cœurs.

Devenus plus instruits et meilleurs, les peuples comprendront qu'ils ont mieux à faire que de se dépouiller et se massacrer réciproquement, et ils ne chercheront plus dans l'emploi de la force brutale le moyen de terminer leurs différends; ils auront horreur de la doctrine tirée de ce principe odieux que la loi du plus fort est toujours la meilleure.

Sans la guerre, il y aurait trop de monde sur la terre.

La population du globe s'élève à un billion quatre cent millions d'habitants, la terre pourrait en nourrir près de quatre milliards. Pour se convaincre de ce que nous avançons, qu'on veuille songer aux immenses contrées d'Afrique, d'Amérique et même d'Asie et d'Europe qui restent sans culture et l'on se fera une idée du nombre considérable d'habitants que notre globe pourrait nourrir.

Il y a deux mille ans, le sol de la Gaule ne pouvait nourrir les cinq à six millions d'êtres raisonnables qui se le partageaient ; pour ne pas mourir de faim dans leur pays, les Gaulois émigraient. Ils allaient chercher en Italie, en Grèce, jusqu'en Asie, des moyens d'existence qu'ils ne savaient pas ou qu'ils ne voulaient pas demander au sol de leur patrie. Et maintenant, ces mêmes terrains, jadis couverts de forêts peuplées d'animaux sauvages, produisent les céréales, les légumes et les boissons nécessaires à une population de cinquante millions d'âmes. Et si l'agriculture était suffisamment protégée, si de trop lourdes charges ne pesaient point sur cette industrie première, c'est plus de cent millions d'êtres humains que pourrait nourrir le territoire de l'ancienne Gaule.

Cependant, si l'on compare la population de l'Europe et sa superficie à celles des autres parties du monde, on reconnaîtra que, relativement à son étendue, l'Europe est plus peuplée qu'aucune des grandes divisions du globe et que les gouvernements européens ont certainement raison de coloniser.

*
* *

Mais s'il est d'une incontestable utilité et d'une véritable sagesse de porter la vie et le mouvement dans les contrées dont on veut faire les succursales de la mère-patrie, il est odieux et de mauvais calcul de chercher à supprimer les tristes populations des pays dont on s'est emparé, comme fait l'Angleterre à l'égard des Australiens et des Maoris de la Nouvelle-Zélande.

Quel que soit le degré d'abrutissement où soient tombés ces malheureuses peuplades, il ne faut pas oublier que ces êtres déshérités sont des hommes comme nous, et que, si on les traite humainement, ils finiront par considérer comme des frères ceux qui viendront habiter leurs pays.

Au lieu de les tuer, de les réduire en esclavage et à l'état de véritables bêtes de somme, de les soumettre à mille vexations, et par suite de nous rendre justement odieux à leurs yeux, il est plus logique de chercher à faire aimer de ces peuples malheureux la pression amicale, fraternelle qu'on veut exercer sur eux pour les moraliser, les instruire et leur donner le goût du travail.

Qu'on leur apprenne à transformer en jolis villages, en cités industrielles et commerçantes leurs misérables réunions de huttes plus ou moins bizarrement construites, à

4.

changer en champs fertiles et couverts de riches moissons leurs immenses forêts vierges, savanes, pampas, etc.

Beaucoup de ces immenses terrains sont d'une fertilité extraordinaire et peuvent donner deux récoltes par an ; l'excédant de la population des pays civilisés trouverait facilement dans ces régions transformées tous les éléments nécessaires à la vie.

Croire que la terre ne pourrait nourrir ses habitants, si par la guerre on n'en diminuait le nombre, est une opinion tout à fait erronée et empreinte en même temps d'un cachet d'injustice.

Si, un jour, les habitants du globe se trouvaient réellement trop nombreux pour exister et satisfaire leurs légitimes besoins, ils n'auraient pas, pour cela, le droit de tuer les plus faibles ou les moins armés de leurs semblables : leur devoir serait d'améliorer les procédés de culture au point de forcer le sol à donner la quantité voulue de denrées alimentaires.

Dieu a établi la guerre pour punir le genre humain.

C'est avec le respect dû aux croyances sincères que nous réfutons cette objection. Aimez-vous les uns les autres, a dit le Christ à ses disciples et à la foule qui le suivait. Nous ne pensons pas qu'il soit bien nécessaire, pour mettre en pratique ce divin commandement, d'inventer des machines épouvantablement meurtrières et de plonger l'humanité dans des abîmes de misères et de crimes. Nous nous en tenons à cette seule citation, croyant avoir suffisamment démontré qu'en nous recommandant de nous aimer et au besoin de nous sacrifier pour sauver nos frères, quels qu'ils soient, Dieu condamne, par là même, tout conflit meurtrier.

CHAPITRE X

Appel aux pères et aux mères de famille.

Mères de famille, c'est à vous que nous nous adressons en premier lieu :

Est-ce donc pour le rendre victime de la guerre que vous avez élevé avec tant d'amour et de soins ce fils chéri, doux fruit de votre union avec le courageux compagnon de votre vie ?

Pauvres mères, dont le cœur a saigné tant de fois à l'idée seule d'un danger pouvant menacer votre enfant, est-ce vrai que vous nous blâmez quand nous disons à tous : la guerre qui bouleverse la famille et la société, qui prive tant de mères de leurs fils et ne laisse après elle que des larmes et des ruines, la guerre est un crime qui ne devrait jamais se commettre, car c'est à la raison et à la justice qu'il appartient de décider entre les peuples pour éviter toute effusion de sang.

Pères de famille, qui, avant de quitter votre maison pour vous rendre au travail, jetiez un regard rempli d'amour sur le petit être endormi dans son berceau, rappelez-vous ce temps où les caresses de votre bambin vous semblaient si douces qu'elles vous reposaient des fatigues de toute une journée de travail.

Combien de rêves ont été faits sur cette frêle existence : quand le marmot est devenu jeune garçon, vous ne vous êtes pas bornés à lui donner tous les soins matériels nécessaires à la vie, vous l'avez envoyé à l'école le plus longtemps qu'il vous a été possible et vous n'avez pas reculé devant un surcroît de travail pour l'élever convenablement.

Quand le jeune garçon a atteint l'âge où l'on commence à travailler, vous n'avez pas hésité à lui faire faire un long et souvent coûteux apprentissage pour qu'il pût un jour gagner plus largement sa vie ; en un mot, vous avez tenu à remplir entièrement tous vos devoirs de bons pères.

*
* *

Et maintenant que votre fils a grandi, que vous êtes devenus vieux et que vous attendez de sa piété filiale, de sa juste reconnaissance qu'il vous rende au moins une partie des soins dont vous avez entouré son enfance, eh bien ! la guerre vous l'arrachera pour ne plus vous le rendre peut-être !

Elle vous le prendra plein de santé, de force et de courage, rayonnant de bonté et de virile beauté, pour vous laisser ensuite un être languissant, souffreteux, infirme ou, ce qui est plus horrible encore, un cadavre sanglant, mutilé, informe !

Qui sait même si vous aurez la triste et suprême consolation de retrouver le corps de votre malheureux enfant parmi ces monceaux de membres épars, de cadavres déchirés, écrasés, broyés, foulés aux pieds des chevaux, gisant dans un pêle-mêle affreux, baignant dans des mares de sang que boit lentement le sol.

Bien souvent tous ces malheureux soldats, tout à l'heure encore pleins de jeunesse et de force, maintenant dormant du dernier sommeil, toutes ces nobles et innocentes victimes de l'ambition et de l'injustice sont jetés dans une fosse commune et quelquefois même laissés en pâture aux animaux carnassiers.

Pauvres pères, pauvres mères, ce n'est pas vous qui nous blâmerez de nous être élevé hautement contre la guerre, et cela pour vous conserver votre enfant, pour sauver la société des malheurs irréparables déchaînés par les passions ou la fureur des gouvernements ambitieux.

Comme nous, vous détesterez ce monstrueux abus, fruit de l'ignorance, des préjugés, d'une obstination criminelle, cet attentat inouï, exécrable qui s'appelle la guerre.

CONCLUSION

Peut-on, dès à présent, opérer le désarmement et licencier l'armée? Non ; en présence des aspirations belliqueuses de certains peuples fanatisés par leurs gouvernements, ce serait une grande faute de ne plus veiller à la sécurité de nos frontières.

Il nous faudra donc subir longtemps encore les regrettables conséquences de cette malsaine éducation sociale des peuples, éducation fondée uniquement sur le principe infâme : La force prime le droit.

Mais c'est une raison de plus pour faire appel à tous les hommes de bonne volonté, de paix et de travail ; il faut que des congrès internationaux s'organisent, qu'on fasse chez nous, à l'étranger, chez tous les peuples, par la presse, aujourd'hui si puissante, une propagande active des idées de pacification et de justice que nous avons eu l'honneur d'exposer.

Toutes les objections qu'on pourra élever contre notre système, toutes les tracasseries que nous susciteront les gouvernants qui vivent de la guerre, ne serviront qu'à nous convaincre plus encore de l'absolue nécessité qu'il y a pour tous les peuples de réclamer de leurs gouvernements respectifs, en cas de conflit, l'introduction d'un mode d'arbitrage pour éviter toute guerre.

Nous affirmons de nouveau qu'il n'y a que l'éducation donnée sur de plus larges bases humanitaires et fondée sur la bonté et la justice qui puisse amener les hommes à s'entendre fraternellement sur les questions en litige, et à mettre ainsi de côté, pour toujours, tout recours à la force brutale, qui est la négation du progrès et du droit.

Quand le désarmement sera fait dans les esprits, rien ne sera plus facile que d'effectuer le désarmement matériel de chaque peuple.

Nous aurons alors le spectacle d'une société vraiment civilisée et tournant toutes ses facultés à l'amélioration du sort de ses membres par le travail, le progrès et la liberté.

TABLE DES CHAPITRES

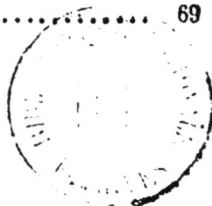

Original en couleur

NF Z 43-120-8

BIBLIOTHÈQUE
NATIONALE

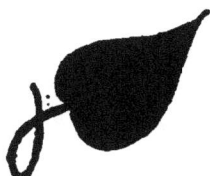

CHÂTEAU
de
SABLÉ

1991